D1924472

Steff, d.i. Stefanie Rölz, wurde 1977 in Amberg geboren und lebt noch heute dort. Zusammen mit Tobias Hiltl gründete sie 1996 die Firma sheepworld AG die sich ganz ihren Lieblingstieren, den Schafen, verschrieben hat. „Den Menschen ein Lächeln auf die Lippen und ein wenig Schaf in die Herzen zaubern" ist ihr erklärtes Ziel.

© 2008 sheepworld AG, Steff
Am Schafhügel 1
92289 Ursensollen

Printed in Europe
ISBN 978-3-937460-44-4

Alle Rechte vorbehalten

Mehr zu Steff und ihren Schafen unter www.sheepworld.de

Steff

Ich geb' Dich nie mehr her!

(Ich lieb' Dich nämlich viel zu sehr!)

sheepworld

Die Zeit vergeht oft wie im Flug,
ich sags Dir gar nicht oft genug:
Das Wichtigste für mich bist Du!
Drum hör mir jetzt mal ganz gut zu!

Schokolade geb ich her!
Das ist nicht leicht, die mag ich sehr!
Doch hab ich keinen Appetit,
knabberst Du nicht mit mir mit!

Igitt
Pfui
Bäh
Schoki

Das Telefon, das geb ich her,
im Grunde mag ich es ja sehr...
Doch ist es ein ganz blödes Ding,
nur wenn Du anrufst macht es Sinn.

Die Fernsehkiste geb ich her,
auch die mag ich ja wirklich sehr!
Doch ganz allein ist das Programm
so mau, dass ich nicht gucken kann.

Plopp

Die Quietscheente geb ich her,
die mag ich eigentlich ja sehr!
Doch nur mit Ente ist es Mist,
wenn Du nicht in der Wanne bist.

Das große Bett, das geb ich her,
das ist schon toll, das mag ich sehr.
Doch ohne Dich ist es zu groß!
Was mach ich da alleine bloß?

Eigentlich brauch ich nur **eins**:
Dich und nur **Dich** und sonst keins!
Mein Leben, *das* ist **blöd** und **trist**,
wenn **Du** einmal **nicht** bei mir bist!

Ich geb' Dich nie mehr her!

(Ich lieb Dich nämlich viel zu sehr!)

Das sag ich Dir gern jeden Tag,
weil ich Dich so von Herzen mag!

Steff